터칭 피아노

Dr. Hae-Young Yoo's Touching Piano

In memory of
My dearest Father,
Dr. Bang Hwan Yoo

For everyone who wants to learn how to
play or teach the piano beautifully,
maximize their brain power, and, above all,
enjoy music as a lifelong companion.
The more you know, the more you enjoy.

KB193049

글 유혜영

피아니스트 유혜영은 예원, 서울예고를 거쳐 연대음대를 수석으로 입학하고 미국 인디애나음대에서 석사(MM), 라이스음대에서 박사학위(DMA)를 받았다. 연세대 재학 시 서울챔버오케스트라, European Master 오케스트라와 협연하였고 중앙음악콩쿠르 2위 입상, 조선일보사 신인음악회에 출연하였다. 인디애나음대에서 모차르트 서거 200주년 기념 콩쿠르에 우승하고 "스승인 프레슬러를 연상케 한 섬세한 터치가 인상적인 연주였다."라는 평을 받았다. 미국 카네기홀과 LA Pasadena Hall에서 뉴욕챔버오케스트라와 협연하여 호평을 받았고 라이스음대 재학 시 협주곡 콩쿠르의 우승자로 베토벤 <황제>를 협연하여 청중의 전원기립 박수를 받았다. 귀국 독주 후 <음악저널> 신인음악상을 수상하였고 "악파와 시대를 넘는 개성적인 해석"을 높이 평가한 평론가들의 요청에 의해 이례적으로 앙코르독주회를 열었다. 솔리스트로서 상트페테르부르크심포니오케스트라, 루마니아국립오케스트라, KBS오케스트라, 서울심포니오케스트라, 비엔나신포니에타, 야나첵챔버오케스트라, KT챔버오케스트라 등 국내외 유수의 오케스트라와 수십 차례 협연하였고 한국, 미국, 유럽에서 수십 차례 독주회를 하였다. 실내악 연주자로서도 고성현, 박인수, 김영준, Suren Bagratuni, Eric Silberger, Koh Gabriel Kameda, and Misha Galaganov 등 저명한 연주자들과 함께 연주하였다.

예원, 서울예고, 숙명여대 강사, 서울신학대학교 겸임교수, 연세대학교 객원교수, 한국피아노학회 교육분과위원장을 역임하였다. 현재 사단법인 뷰티플마인드 교육이사 겸 아카데미 운영위원으로 사회공헌활동을 하며 한국 헝가리 친선협회 부회장을 맡아 문화외교에도 이바지하고 있다.

편곡 김에스더

연세대학교 작곡과 졸업
파리국립음악원 작곡이론과 졸업
파리국립고등음악원 작곡이론과 졸업
연세대학교. 서울시립대학교. 성신여자대학교. 숙명여자대학교. 추계예술대학교.
한국예술영재교육원. 백석예술대학교 강사역임
현) 서울시립대 출강
음악단체(유) Cantapia 음악감독
다양한 장르의 작·편곡 활동

Touching Piano

터칭 피아노

유혜영, 김에스더 지음

Book 2.

W. A. Mozart

PAROLE&

일러두기

* 이 책은 레가토, 프레이징, 핑거 페달, 손목 스타카토에 관한 강의를 QR코드에 담았습니다.
* 전체 11곡의 연주 영상 QR코드도 악보와 함께 실었습니다.

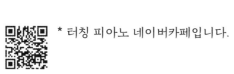 * 터칭 피아노 네이버카페입니다.

 * 터칭 피아노 인스타그램입니다.

『Touching Piano』는 30여 년간 피아노를 전공하는 학생들을 지도한 경험으로 기본적이고 핵심적인 피아노 연주의 원리를 요약하여, 쉽고 다양한 곡 안에서 적용하는 것을 제안하는 교재입니다. 또한 스승님이셨던 Menahem Pressler, Dr. Robert Roux, 이경숙, 장경의, 윤미경 선생님을 비롯하여 George Sebok, Leonard Hokanson 등 여러 교수님의 교수법 중에서 교재에 적합한 원칙들을 정리한 것이라고도 할 수 있습니다.

이 책에는 그동안 함께 공부하고 졸업하여 지금은 어엿한 음악인이자 선생님들로 성장한 제자들이 더 유능한 교사가 되고 더 재미있게 학생을 가르치도록 돕고자 하는 제 마음이 담겨 있습니다. 또한 피아노를 좋아하는 모든 아마추어 피아니스트에게는 피아노 연주의 기초를 다지면서도 즐겁게 자신의 연주를 발전시켜 나가도록 돕는 유용한 교재가 되길 바랍니다.

『Touching Piano』의 특징은 각 권에서 한 작곡가의 스타일을 집중적으로 배우고, 각 권의 주제가 되는 내용을 반복적으로 훈련하도록 편곡한 것입니다. 이 교재에 수록된 편곡작품들은 피아노곡뿐만 아니라 성악곡, 실내악곡, 교향곡, 협주곡 등을 포함해 널리 알려진 곡들로 어느 정도 피아노를 쳐본 분들이라면 충분히 음악을 즐기면서 새롭게 배운 테크닉을 적용하고 도전해 볼 만한 수준의 곡들입니다. 피아노로 연주할 수 있는 필수적인 음악적 표현들을 골고루 다룬 Touching Piano의 시리즈를 모두 학습하고 난 후에는, 여러분이 평소에 연주하고 싶었던 곡이 훨씬 자연스럽고 편안하게 느껴지는 것을 경험하게 될 것입니다.

『Touching Piano』는 <사랑의 블랙홀Groundhog Day>이라는 영화에서도 영감을 얻었습니다. 이 영화의 주인공 필(Phil Connors)은 매일 같은 날이 반복되는 저주에 걸린 것을 알고 절망하여 처음에는 거기서 벗어나려고 갖은 애를 쓰다가 나중에는 오히려 반복되는 일상을 통해 사람들을 보는 깊이가 생기고, 인생에서 진정으로 중요한 것이 무엇인지 알게 됩니다. 무엇보다 매일 피아노를 배워 라흐마니노프 <파가니니 주제에 의한 랩소디> 중 18번을 근사하게 연주하여 결국 좋아하던 리타(Rita Hanson)의 마음을 사지요. 피아노를 전혀 못 치던 필이 진심을 다해 연습하니 시간이 흐르며 실력이 날로 향상되는 모습을 보며 감명을 받았습니다. 현실에서도 열정이 있으면 누구나 진정성 있는 멋진 연주자가 될 수 있을 것 같다는 확신이 들었습니다. 피아노를 치는 이유는 영화에서처럼 누구를 위해 멋진 연주를 하고 싶다거나, 내가 좋아하는 곡 하나를 잘 치기 위해 도전한다거나 하는 분명한 이유가 있어도 좋지만, 그냥 피아노 소리가 아름다워서 막연히 시작해도 좋을 것 같습니다. 어떤 이유에서든 피아노를 배우고 알아 가는 그 길을 함께 가며 점점 더 피아노와 음악을 좋아하게 만드는 교재를 쓰고 싶었습니다.

『Touching Piano』는 두 가지를 목표로 합니다. 첫째는 피아노라는 악기를 touch(다루다)하는 법을 배우는 것입니다. 피아노에서 나만의 소리가 아름답고 편안하게 나오도록 여러 방법을 통해서 익혀 보도록 구성했습니다. 또 다른 하나는 피아노 연주를 통해 내 안에 있는 열정 혹은 내면을 touch(느끼다)하는 것입니다. 요즘 우리는 핸드폰, 컴퓨터 등을 통해 수많은 세상의 소리를 듣느라 분주합니다. 모든 것이 점점 빨라지고 쉽게 이루어지는 환경에 둘러싸여 있지만 내 안의 소리를 듣는 느린 시간도 필요한 것 같습니다. 피아노를 치며 잠시 내 마음과 열정이 만들어 내는 소리에 몰입한다면 피아노를 쳐야만 마주할 수 있는 자신의 독특한 감성, 취향, 미묘하게 자극 받는 뇌의 부분으로 새로운 나를 발견하는, 혹은 진정한 나를 찾을 수 있는 행복감을 얻을 것입니다. 또한 『Touching Piano』에서 특별히 앙상블로 편곡된 익숙하고 재밌는 곡들을 사랑하는 사람들과 함께 연주하는 즐거움도 있을

것입니다. 앙상블을 통해 교감하고 서로
배려하며 곡을 만들어 가는 기쁨은 어디서도
느낄 수 없는 독특한 경험입니다. 이 여정을
통해 음악은 평생 진실한 인생의 동반자가
되어 줄 것입니다. 음악을 연주하는 세계는
신이 주신 최고의 선물이고 또 하나의 우주
입니다. 여러분들이 정말 음악을 즐기며
감사함을 느낄 것이라 확신합니다.

『Touching Piano』가 나오기까지 도움을
주신 분들이 있습니다. 영감을 주신 스승님
들은 물론이고 많은 조언과 응원을 해준
친구들과 가족들, 동료 교수님들과 선배님들,
사랑하는 후배들과 제자들, 무엇보다도
원곡의 깊이와 음악적 의미를 살리며 멋진
편곡으로 함께 꿈을 이루어 준 다재다능한
김에스더 작곡가님에게 특별한 감사와
찬사를 보냅니다.

끝으로 지금은 천국에 계시지만 이 책을
시작하도록 용기를 주시고 평생을 한결같이
사랑으로 응원하고 믿어 주셨던
나의 아버지께 말로 다 할 수 없는 사랑과
깊은 감사와 존경을 담아 이 책을 바칩니다.

유혜영

Table of Contents
Book 1 to Book 9

Basic principles of
touching piano.

터칭 피아노의 기본원칙들

9권에 걸친 『Touching Piano』는 곡의 연주를 시작하기 전에 몸의 움직임에 대해 이해하고 이를 테크닉에 적용하는 방법과 음악적 표현에 필수적인 주법을 다루는 Basic principles of touching piano로 시작합니다.

피아노 연주를 잘한다는 것은 손가락으로 건반을 능숙하게 치고 누르는 동작으로 보이지만, 실제로는 손가락을 발달시키는 것 이상의 온몸의 복합적인 능력이 합쳐져야만 합니다. 악보를 읽고 해석하는 능력, 근육의 효율적인 사용을 통한 민첩하고 정확한 테크닉의 구사, 예민한 귀, 강약과 템포의 완급 조절, 음악적 효과를 더하는 페달링, 양손의 균형 잡힌 소리, 상상력과 창의적인 음악적 표현력 등 수많은 능력이 요구됩니다.

즉 피아노에서 터치란 원하는 음의 종류를 뇌에서 결정하면 이를 표현하기 위해 몸의 여러 부분이 일사불란하고 정교하게 움직여 건반을 누르는 것입니다. 그러므로 피아노를 연주하는 과정은 뇌의 능력과 깊은 관계가 있습니다. 터치에서 가장 중요한 것은 무게와 속도의 조절인데 이는 뇌에서 담당하는 근육의 수축과 이완의 조절 능력과 매우 관련이 높습니다. 음악적 터치를 하려면 악보의 정확한 해석과 근육의 정교한 사용을 통해 건반을 누르는 속도의 조절이 요구되기 때문에 이 과정은 어느 정도의 훈련을 거쳐야 합니다.

그래서 알고 보면 연주가들은 손가락의 근육을 비롯한 여러 근육이 매우 발달해 있고 이를 관장하는 뇌의 운동영역도 특별하게 발달한 사람들이라고 할 수 있습니다. 이 부분은 대부분 운동선수가 필요로 하는 능력과 흡사하다고 볼 수 있습니다.

처음 피아노를 배울 때는 몸 전체 근육의 협동과 조정이 필요하다는 사실을 간과하기 쉽습니다. 부조니도 테크닉은 두뇌에 있으며 건반에서의 거리감을 견적하고 현명하게 근육운동을 일치시키는 것이라고 했습니다. 그러므로 올바른 터치를 구사하는 기술은 피아노 테크닉의 기본동작이지만 동시에 고도로 훈련된 몸의 협동 능력을 발휘하는 것이기도 합니다.

피아노에서 낼 수 있는 touch의 종류는 매우 많은데 음악 용어로 정리된 내용은 아닙니다. 하지만 분명한 것은 좋은 연주자일수록 많은 touch를 구사합니다. Singing touch, Light touch, Dark touch, Powerful touch, Brilliant touch, Sweet touch, Intense touch 등등 매우 다양합니다. 수많은 종류의 터치를 표현해 내려면 수준 높은 테크닉과 무한한 상상력이 필요합니다. 이럴 때 피아노가 아닌 다양한 악기를 모방해 보거나, 어떤 장면이나 감정을 떠올리는 것이 큰 도움이 됩니다. 다양한 종류의 터치를 구사함으로써 마치 수많은 색의 물감을 손에 쥔 화가처럼 더 많은 감정을 섬세하고 창의적으로 자유롭게 표현할 수 있게 됩니다. 그래서 여러 장르의 곡을 편곡한 『Touching Piano』를 원곡과 함께 감상하며 연습하는 것을 권합니다.

흔히 빠른 곡을 정확히 잘 치는 연주자들에게 테크닉이 뛰어나다는 말을 많이 하는데 좀 더 깊이 있게 보면 진정한 테크닉은 음악의 구성

요소인 멜로디, 화성, 리듬, 박자, 아티큘레이션, 짜임새, 형식, 프레이징, 다이내믹 등을 충분히 이해함으로써 더욱더 효율적이고 기민하게 몸을 움직이는 것이라 할 수 있습니다. 즉 테크닉은 결국 음악적인 표현을 위해 필요한 도구이므로 쉬운 곡부터 아름답게 연주하면서 테크닉을 익히는 것이 바람직합니다. 『Touching Piano』의 곡들은 대부분 매우 짧지만 다양한 음악적인 표현을 위해 테크닉적인 도전을 하는 부분들이 여기저기 분포되어 있으므로 즐겁게 연주하다 보면 어느덧 테크닉이 한층 발전되어 있는 것을 느낄 것입니다.

사실 피아노의 역사는 그리 길지 않습니다. 대략 15~16세기경에 널리 사용되던 건반악기인 하프시코드는 피아노의 전신이라고 할 수 있습니다. 하프시코드는 현을 뜯어 소리를 내는 악기로 아주 작은 힘으로 터치해도 맑고 또렷한 소리가 났지만, 음량을 조절하는 것은 불가능한 것이 한계였습니다. 이후 1709년 이탈리아의 하프시코드 제작자인 크리스토포리(Bartolomeo Cristofori, 1655-1731)는 작은 해머가 스트링을 때리는 방식으로 연주되는 액션(건반악기의 기계장치)을 갖춘 '작은 소리와 큰 소리를 낼 수 있는 하프시코드(Clavicembalo col piano e forte)'라는 악기를 발명합니다. 이 악기는 '피아노포르테'로 불리다가 더 줄여서 오늘날 우리가 아는 '피아노'라는 이름을 가지게 됩니다. 피아노는 음량을 섬세하게 조절할 수 있고 댐퍼페달의 개량 등으로 울림도 한층 커지는 등 성능이 빠른 속도로 발전하면서 하프시코드의 자리를 점차 대체하게 됩니다. 또한 손가락으로 정확하게 타건만 하면 소리가 나는 하프시코드의 주법과는 달리 피아노에서는 손가락뿐만 아니라 몸의 다른 부분들도 이용하여 다양한 터치들을 구사할 수 있게 되었습니다.

특히 18세기 피아노의 발달은 베토벤의 무한한 창조적 상상력과 더불어 피아노 테크닉의 새로운 장을 열었습니다. 이때부터 관현악적인 소리, 다양한 터치를 통한 깊이 있는 감정의 표현, 민첩한 손가락 외에도 건반의 속도를 몸 전체를 사용하여 정확히 조절하는 능숙함이 필요하게 되었습니다. 19세기는 피아노의 크기도 커지면서 더욱 무거운 액션과 깊어진 건반, 이중 이탈장치를 장착해 낭만 시대의 풍부한 표현력과 더불어 화려한 테크닉을 구사하며 피아노가 가장 인기를 누렸던 시대라고 할 수 있습니다. 20세기에는 피아노줄을 고정하는 금속 프레임 덕분에 강철 현을 사용할 수 있게 되어 한층 더 강한 소리가 가능해졌습니다. 지금의 그랜드 피아노라고 할 수 있습니다. 피아노는 한마디로 유일하게 오케스트라를 대신할 수 있을 만한 위대한 악기로 발전했습니다.

또한 페달은 19세기 이후 한층 널리 사용되었는데 예민한 귀와 민첩한 발의 움직임을 통해 새로운 음색과 음향을 창조하는 매우 수준 높은 테크닉입니다. 아티큘레이션을 강조하고, 효과적인 음향을 만들어내거나 멜로디를 더 유려하게 표현하는 등 음악적인 연주를 위해 페달은 꼭 필요한 마지막 터치입니다. 페달링 테크닉은 6권에서 자세히 설명하겠습니다.

좋은 피아노 연주를 위한 원칙은 다음과 같이 두 가지로 정리할 수 있습니다.

첫 번째 원칙은 자연스럽게 울림이 있는 아름다운 소리를 내는 것입니다.

연주는 명확하고 자연스럽게 말하는 것과 비슷하다고 할 수 있습니다. 때로는 속삭이고 때로는 설득하고 때로는 소리치기도 합니다. 신이 주신 가장 아름다운 악기는 인간의 목소리라고 합니다. 악기 중에 가장 오래된 관악기도 휘파람 등 사람의 목소리를 모방하여 생긴 것으로 관에 입으로 공기를 불어 진동으로 부는 악기입니다. 피아노는 엄밀히 말하면 타악기이지만 수 세기에 걸쳐 급속도로 발달한 악기의 기능과 뛰어난 피아니스트들이 발전시킨 테크닉으로 최대한 사람의 목소리와 비슷한 울림으로 연주할 수 있는 섬세한 악기입니다.

두 번째 원칙은 악보를 정확히 읽는 법을 익히는 것입니다.

음악은 감정을 전달하는 어떤 형식과 구조를 갖춘 소리의 예술입니다. 그리고 연주자는 작곡자가 의도한 악보의 내용을 청중에게 충실히 전달하는 역할을 합니다. 그래서 어떤 곡을 치더라도 음악적 의도가 분명하고 감정이 실린 터치를 해야 청중의 공감을 받을 수 있습니다. 하지만 연주자의 감정은 악보에 대한 해석과 밀접한 관련이 있습니다. 예컨대 악보의 포르테를 얼마나 세게 쳐야 하는지 정해진 것이 있을까요? 악보에 적힌 모든 지시사항을 똑같이 지켜서 치더라도 각 연주자의 감정과 해석에 따라 연주가 크게 달라집니다. 연주의 가장 매력적인 부분이기도 합니다.

악기를 만지며 나의 감정을 표현하는 일은 매우 흥미로운 일이면서도 손목의 각도나 자세, 근육들을 미세하게 움직이며 원하는 소리를 내기 위해 도전하는 과정은 실질적으로 몸의 모든 감각들을 연결시켜 정신과 육체에 건강한 자극을 줍니다. 게다가 연주를 하기 시작하면 음악을 감상만 할 때는 들리지 않던 새로운 것들이 많이 들려 지루할 틈이 없어지는 또 다른 세계가 열립니다.

그러므로 터칭 피아노의 가장 중요한 원칙은 "모든 음은 음악적 의미와 연주자의 감정이 담긴 아름다운 소리여야 한다."라는 것입니다.

9권의 『Touching Piano』는 우선적으로 피아노 연주의 기본과 본질을 명확하게 이해하고 기술을 습득하도록 구성했습니다. 1권에서는 좋은 소리를 내기 위한 피아니스트의 기본자세를 익히고 몸의 각 부분의 기능과 관련된 테크닉을 알아봅니다. 2권에서는 연주와 연결된 뇌의 능력과 귀의 훈련에 관한 내용을 보다 자세하게 다루게 되며, 3권부터는 연주에 필요한 근육의 각 부분을 효율적으로 사용할 수 있게 하는 준비운동과 테크닉을 활용해 봅니다. 4권 이후로는 더욱 난도가 높은 곡들의 작품에서 요구되는 음악적 표현을 위해 적절하고 예민하게 근육을 움직이는 방법들과 페달링 등을 세부적으로 훈련합니다. 마지막 9권은 선생님과 제자, 동료들과 함께 앙상블의 즐거움을 경험할 수 있는 곡들로 구성하였습니다. 아름다운 터치를 만들기 위해 『Touching Piano』의 각 권에는 반복적으로 강조하는 내용을 <Teaching point>로 정리해 두어서 빠짐없이 학습하도록 하였습니다. 그리고 각 권의 10번 곡은 연주용으로 적당한 길이로 다소 난도 높게 편곡하여, 연주를 하며 도전을 통해 성취감을 느낄 수 있도록 유도하였습니다.

『Touching Piano』는 1년 안에 전권을 마스터할 수 있도록 구성하였습니다.

Touching Piano
with Mozart.

A. Basic Principles of touching piano II.

1. 피아니스트의 뇌와 귀

얼마 전, 저는 MIT 공대 교수이자 작곡가인 토드 마코버(Tod Machover)의 <플로우 심포니FLOW Symphony>의 세계 초연에 참석하였습니다. AI와 세종솔로이스츠의 협연으로 펼쳐진 이 공연은 과학과 예술이 만나는 새로운 차원의 경험을 제공했고, 매우 흥미로웠습니다. AI가 이미 많은 분야에서 인간의 능력을 능가하고, 작곡까지 할 수 있는 시대에 살고 있음을 실감하였습니다. 동시에, 음악을 연주하는 행위는 앞으로도 인간다움을 지키며, 인간 고유의 감정과 인간성의 가치를 더 높일 수 있다는 확신을 가지게 되었습니다.

기계가 결코 인간의 연주를 대신할 수 없는 이유는 '감정'입니다. 사람의 감정은 시시각각 변하기에, 연주 과정은 매 순간 새롭고 독특해집니다. 각 작품에는 작곡가의 의도와 더불어, 작곡 당시의 인간관계, 사회적 상황, 혹은 자연환경 등에 영향받는 감정이 스며들어 있습니다. 연주자는 이 감정을 자신의 음악적 지성으로 해석하여, 연주의 순간마다 감정, 실력, 몰입도, 함께 연주하는 연주자, 연주자의 컨디션, 관객의 반응, 악기의 상태 등 다양한 요소들이 결합된 이 세상에 단 한 번만 존재하는 특별한 연주를 탄생시킵니다.

그렇기에 때로는 연주가 기술적으로 너무 완벽해서 감동과 감탄을 자아내기도 하지만, 그보다 더 많은 경우 청중은 연주자만이 담아낼 수 있는 진정성과 감성에 공감하고 위로받고 기뻐하고 감동의 눈물을 흘립니다. 이러한 교감과 소통이 그 연주를 특별하게 만듭니다. 연주는 단순한 기술을 넘어, 사람들 사이에서 소통의 매개체가 됩니다. 그래서 AI가 아무리 발전해도 인간의 감정을 움직이고 마음을 울리는 연주만큼은 쉽게 대체되지 않을 것입니다.

2000년경, 휴스턴에서 앙드레 와츠(André Watts)의 독주회를 관람한 적이 있습니다. 그날 와츠는 가까운 지인의 사망 소식을 듣고 원래 연주할 프로그램 대신 모차르트의 <Rondo in a minor, K. 511>을 연주했습니다. 그 론도가 그로록 슬프고 아름다운 곡이었는지 그전엔 미처 몰랐습니다. 그 장소와 날짜는 희미하지만, 그날의 벅찬 감동은 지금도 눈앞의 그림처럼 생생합니다. 와츠는 모차르트의 기품 있는 선율 속에 슬픔을 절제하면서도 그리움을 온전히 담아내, 마치 그가 무대에서 고독하고 슬픈 왈츠를 추고 있는 듯 느껴졌습니다. 음악은 그림이나 그 어떤 영화보다도 더 선명하게 가슴에 남습니다.

이렇게 우리의 연주를 특별하게 하고 가치 있게 만드는 것은 무엇일까요? 연주자가 곡을 지적으로 이해하고, 감정을 세심히 들여다보고, 이를 명확하게 표현하는 방법을 알아야 가능합니다. 따라서 제2권에서는 곡에 대해 해석하고, 연주자의 감정을 조절하고, 근육의 민첩한 움직임 등을 가능하게 피아니스트의 뇌와 연주의 완성도에 큰 역할을 하는 귀에 대해서 조금 더 깊이 살펴보고자 합니다.

하나의 곡이 창조되어 우리 귀에 들리기까지의 과정은 작곡가가 머릿속에서 상상한 음악을 시각적 기호인 악보로 구체화하는 순간부터 시작됩니다. 연주자는 악보를 해석해 곡의 소리를 청각화하고 원하는 소리를 청중에게 전달하기 위해 연습을 합니다. 이렇게 해서 연주자는 작곡가의 '뇌'에 있던 아이디어를, 연주를 통해 청중의 '귀'에 전달합니다. 이것이 두 번째 창조의 과정입니다.

연주자는 악보를 보며 '뇌'로 해석하고, 손가락과 필요한 근육을 움직여 독립적으로 음들을 표현하며, 양손은 서로 다른 성격의 음들을 연주합니다. 동시에 '귀'로 그 소리를 듣고, 음의 조화와 균형을 잡습니다. 이렇듯 피아노 연주의 복합적인 과정에서 뇌와 귀의 협력은 필수적입니다.

1) 피아니스트의 뇌

피아노 연주 시 뇌가 얼마나 많은 일을 하고 있는지 알면, 피아노는 손가락으로만이 아닌 머리와 마음으로 치는 것이라는 사실에 다시 한 번 놀라게 됩니다. 인간의 뇌 부피는 신체의 2% 정도에 불과하지만, 나머지 98%의 신체를 조율하고 통제합니다. 피아니스트의 뇌는 일반인의 뇌와 구조적으로 다르다는 과학적 의견도 있을 정도로, 피아노 연주는 고도로 복잡한 과정입니다. 과연 피아니스트의 뇌에서는 무슨 일들이 벌어지고 있을까요?

피아노 연주가 가능해지려면 뇌 각 부분의 상호작용이 이루어져야 하는데 이때 중요한 역할을 하는 대뇌와 소뇌의 위치와 기능은 다음과 같이 요약됩니다.

A. 대뇌(Cerebrum): 대뇌는 뇌의 가장 큰 부분으로 고차원적 사고, 감정, 의사 결정, 문제 해결 등을 담당하며 좌반구와 우반구로 나뉩니다. 양손을 독립적으로 사용하도록 오랫동안 훈련받은 피아니스트의 경우, 우반구가 오른손을 주로 사용하는 일반인보다 크다고 합니다. 부분별로 조금 더 자세히 보면 다음과 같습니다.

a. 전두엽(Frontal Lobe)

전두엽은 뇌의 앞부분에 위치하며 연주 중에는 악보에 적힌 음악적 정보(다이내믹, 템포, 박자, 리듬 등)를 해석하고, 음악의 문맥을 이해하며, 이전에 배운 테크닉을 활용하여 연주 계획을 세웁니다. 전두엽은 모든 근육이 감정을 표현하고 계획대로 움직이도록 지시하는 역할을 하며, 특히 손과 손가락의 움직임을 조절하는 운동 영역이 전두엽에 위치하여, 연주 동작을 조정합니다. 따라서 전두엽은 음악을 듣는 것보다 연주할 때 더 활발하게 활동합니다.

b. 측두엽(Temporal Lobe)

양쪽 뇌에 위치한 측두엽에는 청각피질, 해마(hippocampus), 베르니케 영역(Wernicke's Area)이 있습니다. 청각피질은 소리 정보를 받아들이고 처리하는 주요 영역으로, 소리의 높이, 강도, 음색을 인식하고 분석합니다. 이 부위는 음악 연주 시 음높이, 리듬, 화음 등을 인식하고 이해하는 데 중요한 역할을 함으로 음악적인 훈련을 통해 발달시키는 것이 필요합니다.

해마는 학습과 기억 형성에 중요한 역할을 합니다. 해마의 신경세포는 태어나면서부터 서서히 파괴되기 시작한다고 하는데 피아노 암보(暗譜) 연주는 해마의 기능을 유지하는데 매우 효과적인 방법이 됩니다. 베르니케 영역은 말과 글을 이해하는 기능을 담당합니다. 그러므로 복잡한 음악적 구조나 화음을 이해하는 데도 관련이 있습니다.

c. 두정엽(Parietal Lobe)

감각 정보 처리, 공간 인식, 위치 판단을 담당하는 두정엽은 손의 위치와 움직임을 감각적으로 인식하고, 피아노 연주 시 손가락 위치를 정확히 파악하는 능력과 밀접하게 관련되어 있습니다. 피아니스트가 건반을 보지 않고도 정확하게 연주할 수 있는 것은 두정엽과 공간 감각을 담당하는 소뇌 덕분입니다.

d. 후두엽(Occipital Lobe)

악보는 여러 기호 체계로 이루어져 있어, 연주자는 악보에 적힌 음의 높낮이, 길이, 세기, 조성, 임시표, 주법, 표현법 등을 동시에 읽어 내야 합니다. 이러한 정보 처리는 후두엽의 시각피질에서 이루어집니다. 그래서 많은 피아니스트와 음악가들은 악보를 보는 것만으로도 음악을 들을 때와 유사한 청각적 이미지를 떠올릴 수 있습니다. 또한 원하는 소리를 상상하면 손이 저절로 그 소리를 낼 수 있습니다.

B. 소뇌(Cerebellum): 소뇌는 뇌의 뒷부분에 위치하며, 전체 뇌의 10% 정도를 차지하지만, 피아니스트에게는 매우 중요한 신체의 균형 유지와 정교한 운동 기능을 조절하며, 타이밍 조절, 특히 양손의 독립적인 움직임과 관련이 깊습니다.

이렇듯 피아노 연주는 뇌의 다양한 영역이 협력하여 그 연주자만의 감동적이고 고유한 연주가 가능하게 합니다. 또한 훈련된 청각과 발의 협력을 통해 페달링까지 함으로 뇌를 온전하게 활용하기에 매우 좋은 활동이라고 할 수 있습니다. 이제는 연주의 완성도를 높이는 데 필요한 좋은 귀를 훈련하는 법에 대해서 알아보기로 합니다.

2) 피아니스트의 귀

좋은 연주를 위해서는 예민한 귀가 필수입니다. 피아니스트의 귀는 음의 세부적이고 미묘한 차이를 알아차리고, 음의 짜임새, 멜로디와 화음, 프레이징 등의 복잡한 음악적 구조를 이해하는 능력을 갖추어야 합니다.

우선 좋은 음악을 많이 들어 보며 아름다운 소리와 불편한 소리를 구분하는 능력을 기르는 것부터 시작합니다. 그런 과정에서 리듬, 템포, 화성의 변화를 구별하고 모방하는 훈련을 통해 음악의 의미를 파악하는 능력을 향상할 수 있습니다. 이는 언어를 배우는 과정과 매우 유사합니다. 따라서 좋은 음악을 많이 들을수록 좋은 음악적 소리를 상상할 수 있게 되고, 이는 더 나은 톤을 만들어 내는 능력으로 이어질 수 있습니다.

음악적 소리를 발전시키기 위해 훌륭한 피아노 연주를 듣는 것만으로도 배울 점이 많습니다. 그러나 피아노는 다성부를 연주하는 악기이기 때문에 현악 사중주나 오페라, 교향곡을 들으며 여러 성부의 진행을 듣고 다양한 악기의 소리를 접하는 것이 좋은 귀를 기르기 위한 더욱 효과적인 훈련이 됩니다.

귀가 예민해지면 연주 중 자신이 연주한 소리를 듣고 즉각적으로 반응하여 손가락의 움직임을 미세하게 조절하여, 더 나은 음을 만들어 내게 됩니다. 피아니스트가 음을 들을 때는 거의 동시이긴 하지만 건반에 손이 닿는 순간이 아니라, 해머(hammer)가 현을 치고 난 직후의 진동을 듣는 것입니다. 그러므로 자신이 연주한 소리를 끝까지 집중해서 들어야 합니다. 좋은 톤을 만들기 위해서는 본인이 즐길 수 있는 곡으로 자신의 연주를 들을 수 있는 템포로 연습하여 내 연주를 듣는 훈련부터 해봅니다.

연주의 마지막 단계는 페달링이라고 할 수 있는데, 이 페달링은 오로지 귀에 의존하여 사용하게 됩니다. 따라서 귀가 어느 정도 훈련된 후에 시작하는 것이 좋습니다. 처음에는 멜로디만 듣고 페달을 연습하다가 점점 화음 전체를 듣고 조절하는 연습이 필요합니다. 그러므로 빠르고 어려운 곡보다는 아름다운 멜로디와 단순한 화성을 가진 곡을 집중해서 들으며 천천히 치면서 페달링을 시작하는 것이 좋습니다.

결론적으로, 좋은 귀를 가진 연주자는 자신의 연주에 즉각적으로 반응하고, 자신이 상상하고 원하는 소리를 만들기 위해, 뇌와 귀의 협력을 최대한 활용해 감동을 만들어 냅니다. 예민한 귀는 다음 장에서 다룰 아름답고 감성적인 멜로디를 표현하는 레가토 주법을 훈련하는 데에도 큰 도움이 됩니다.

2. 노래하는 legato 터치(멜로디의 표현)

터칭피아노 레가토

2권에서 중점적으로 다룰 터치는 'Singing Touch'인 레가토(Legato)입니다. 레가토는 음과 음 사이를 끊지 않고 부드럽게, 노래하듯 이어서 연주하는 주법을 의미합니다. 피아노뿐 아니라 모든 악기는 사람이 목소리로 노래하는 듯한 레가토 소리를 낼 때 가장 아름답게 들립니다. 피아노라는 악기를 살펴보면 건반악기로 보이지만 내부적으로는 건반에 연결된 액션을 거쳐 해머(hammer)가 현(string)을 때려서 소리를 내는 타악기 구조로 되어 있습니다. 마치 실로폰처럼 타건 후 음이 사라지는 특성 때문에, 레가토 주법을 연주하기가 쉽지 않습니다. 그래서 피아노 연주에서 레가토 효과를 내기 위해서는 다음 음을 칠 때까지 이전 음의 울림을 유지해야 합니다. 정교한 손놀림과 예민한 귀를 요구하는 레가토 주법은 청각 인식, 연주 기술, 음악적 상상력 등을 동원하여 다양한 관점에서 접근할 수 있습니다.

1) 청각 인식적 측면

이상적인 레가토는 각 음이 끝나기 직전에 다음 음이 시작되는 것입니다. 즉, 현재 음이 끝나기 전에 다음 음이 잠시 겹쳐 들려야 합니다. 각 음을 얼마나 오랫동안 유지할지는 곡의 속도, 음역, 리듬, 스타일에 따라 자연스럽게 달라집니다. 느린 곡에서는 음과 음 사이의 간격이 크기 때문에 각 음을 더 오래 울려 다음 음으로 자연스럽게 이어야 합니다. 이러한 이유로, 일반적으로 느린 템포에서 레가토를 유지하는 것이 더 어렵습니다. 피아니스트들은 이러한 청각적 요소를 계산하기보다는 피아노의 울림과 화성을 들으며 자연스럽게 손끝과 손목, 팔을 모두 사용하여 마치 현악기 주자가 보잉(bowing)을 하는 것처럼 지속적으로 움직이며 음을 유지하면 매우 느린 두 개의 음도 아름답게 연결할 수 있습니다.

2) 연주기술적 측면

연주기술적 측면으로 보면 레가토 연주 시 손가락의 움직임과 페달의 조화로운 사용이 중요합니다. 필요하면 페달을 사용해 음과 음 사이의 끊김을 최소화하여 두 음이 청각적으로 매끄럽게 이어지도록 해야 합니다.

손가락의 정교한 움직임을 통해 음의 울림이 끊어지지 않도록 레가토를 연습하려면, 일단 손가락의 회전(Rotation)을 사용하여야 합니다.

우선 음을 연주할 때 팔의 무게가 손가락을 통해 건반 바닥까지 전달된 상태에서, 손목을 완전히 이완시키며, 최대한 오래 손가락이 건반에 머무르도록 합니다. 그다음 음을 연주하기 전에 손가락을 다시 회전하여 팔의 무게 전체를 다음 음의 건반 밑바닥까지 이동시킵니다. 이때 중요한 것은 음들이 매끄럽게 연결되도록 자연스러운 속도로 무게가 이동하는 것입니다. 손가락만 움직여서는 무게의 이동을 느끼기 쉽지 않습니다. 그래서 레가토를 할 때는 손가락을 움직여서 연주한다기보다는 손 전체를 회전해서 연주한다고 생각하는 것이 좋습니다. 이 과정에서 팔꿈치에서 손끝까지 이어지는 아래팔의 큰 근육을 사용하게 됩니다. 손목과 아래팔을 이용한 회전기술은 고르고 자연스러운 레가토를 낼 수 있는 가장 안전한 방법입니다. 회전기술은 레가토뿐만 아니라 스케일(scale), 아르페지오(arpeggio), 슬러(slur), 턴(turn), 트릴(trill), 트레몰로(tremolo) 등 난도가 있는 음형을 연주할 때도 매우 유용합니다.

또한 레가토를 좀 더 원활히 하기 위해 페달링을 적절히 사용하는 것이 중요합니다. 이는 연주자의 음악적 표현력과 예민한 귀와 직결됩니다. 피아노에서 댐퍼 페달을 적절히 사용하면 음이 더 길게 이어져 다음 음과 부드럽게 연결될 수 있습니다. 이는 손가락만으로 연주할 때보다 음을 더 쉽게 연결할 수 있도록 도와줍니다.

3) 음악적 표현
레가토는 피아노에서 가장 기본적이고 중요하면서도 가장 어려운 터치입니다. 레가토의 훈련은 단순한 기계적 반복이나 기술적 측면이 아닌, 음악적 표현의 일환으로 접근해야 합니다. 음악적 표현의 관점에서 레가토는 음의 연결성과 음악적 감정 전달 능력을 강화합니다. 따라서 레가토를 가르칠 때는 학생들이 음과 음 사이를 감정적으로 연결하고, 호흡과 상상력 같은 자연스러운 요소를 음악에 반영하도록 지도하는 것이 중요합니다.

음과 음 사이를 눈에 보이지 않는 끈이 유연하게 연결한다고 상상하며, 손과 손목, 팔을 유기적으로 움직이는 연습을 통해 아름다운 레가토를 낼 수 있습니다. 아니면 비브라토(vibrato)를 하고 있는 현악기의 소리나 노래하는 사람의 목소리를 상상하는 것도 큰 도움이 됩니다. 따라서 피아니스트에게 뇌와 귀의 연결이 꼭 필요한 순간이 바로 레가토를 연주할 때입니다.

2권에서는 모든 곡에서 레가토를 반복적으로 강조하여 연주하도록 합니다. 2권에 수록된 11곡 모두 레가토를 충분히 이해하고 연습할 수 있도록 구성되어 있지만, 레가토만 다루는 것은 아닙니다. 레가토가 '노래하는 듯한 소리'라면, 그렇지 않은 소리가 무엇인지 아는 것도 중요합니다. 따라서 스타카토(staccato)나 논레가토(non-legato) 등의 주법이 포함된 곡들도 연주하여, 레가토 주법과의 차이점을 분명히 이해하게 합니다.

아무리 레가토를 아름답게 하고 기교적으로 어려운 부분들을 누구보다도 빠르고 깨끗하게 친다고 하더라도 무슨 얘기를 하는지 청중이 이해하지 못하고 공감하지 못하면 연주의 의미가 없겠지요. 우리가 대화할 때 글자를 죽 나열하지 않고, 정확한 소통을 위해 한 단어는 한숨에 말하고, 단어들을 연결하여 문장을 만들며, 가장 강조하고 싶은 부분을 살리며 문장의 시작과 끝을 명확히 합니다. 마찬가지로 음악에서도 문맥이 있고 연주자가 연주하는 내용을 전달하는 데 필수적인 음악적 요소는 프레이징입니다. 2권에서는 모차르트의 곡을 연주하며 레가토와 더불어 프레이징을 중점적으로 다룰 예정입니다.

3. 프레이징(Phrasing)

더청피아노 프레이징

프레이즈(phrase)는 언어에서 유래된 말로, 음악에서는 일정한 의미가 있는 몇 개의 음이 모여 완성된 의미를 전달하는 단위를 뜻합니다. 프레이징(phrasing)은 단어에 해당하는 혹은 구절에 해당하는 음들을 묶어 음들이 어디서 시작하고, 어디로 향하며, 어디서 끝나는지를 명확히 알려 주어 문장을 표현하는 것입니다. 프레이즈의 길이는 다양하지만, 동기(motive)보다는 길고, 두세 개의 프레이즈가 모이면 하나의 단락(period)을 이룹니다. 화성적이거나 주제적으로 연결된 음들의 그룹이 잘 구분되어 들리도록 연주하면 음악적 내용이 명확하게 전달되어 더욱 설득력 있는 연주가 됩니다. 한마디로 청중의 귀를 사로잡는 흥미로운 연주는 연기자가 단순히 대본을 읽는 것을 넘어 자신의 감정을 담아 연기하는 것과 같습니다.

호흡 또한 프레이징과 밀접한 관련이 있습니다. 프레이즈가 시작되기 전에 숨을 들이마시고, 음악의 흐름에 맞춰 내쉬면서 다음 프레이즈로 넘어가기 전 다시 들이마시는 방식으로 호흡하면 자연스러운 연주를 할 수 있습니다. 몰입할 때 호흡수가 줄어든다는 연구 결과가 있듯이, 음악을 이해하고 연주할 때 감정이 고조되는 부분에서는 호흡이 깊어지고 자연스럽게 호흡수가 줄어드는 현상이 나타납니다.

프레이즈가 긴 경우, 시작하면서 목표 지점을 향해 몰입하여 긴장감을 끌고 가며, 가장 긴장감이 높은 지점에는 도달해서는 호흡을 머금은 상태로 음악에 맞춰 긴장을 유지합니다. 클라이맥스를 지나면 긴장을 서서히 풀며 (너무 일찍 긴장감을 놓지 않도록 주의합니다) 종지에서 마무리하면 효과적으로 프레이징을 만들 수 있습니다.

특히 연주에서 프레이즈의 끝을 명확하게 표현하는 것이 중요합니다. 마치 말꼬리를 흐리면 자신감이 없어 보이는 것처럼, 프레이즈의 끝도 청중이 알아챌 수 있도록 여유롭고 분명해야 합니다. 특히 화성적으로 종지에 해당하는 부분은 더욱 그렇습니다. 그래서 프레이징을 연습할 때 메트로놈을 끄고 연주하길 권합니다.

또한 말할 때 호흡이 너무 자주 끊기면 흐름이 끊어지듯이, 프레이즈가 너무 짧으면 음악이 자꾸 끊어져 집중하기 어렵습니다. 반대로 프레이징이 지나치게 길면 방향성을 잃어 진행이 어려워질 수 있습니다. 따라서 프레이즈의 길이와 클라이맥스의 위치를 어떻게 설정할지는 해석에서 중요한 음악적 요소입니다. 즉, 프레이징에 따라 연주의 효과와 수준이 달라지고, 곡의 성격과 분위기도 크게 달라질 수 있습니다.

이러한 이유로, 2권에서는 모차르트의 다양한 곡을 가지고 악보의 화성과 선율의 길이를 고려하여 프레이징을 훈련하는 데 집중합니다.

B. Touching Piano with Mozart

Wolfgang Amadeus Mozart (1756~1791)

"The human incarnation of the divine force of creation" (Goethe)

신이 내린 천재, 신동의 대명사 등으로 알려진 모차르트는 35년의 짧은 생애 동안 무려 23개의 오페라와 50여 개의 교향곡, 27개의 피아노 협주곡과 5개의 바이올린 협주곡, 19개의 피아노 소나타, 18개의 변주곡, 16곡의 바이올린 소나타, 23개의 현악 4중주를 비롯해 수많은 협주곡과 실내악곡, 소품을 작곡했고, 1791년 사망한 지 230여 년이 지난 지금도 전 세계에서 가장 사랑받는 클래식 음악 작곡가라고 할 수 있습니다.

그는 오스트리아 잘츠부르크에서 태어났지만 어려서부터 여러 나라를 여행하면서 연주하고 많은 음악가들과 교류한 덕분에 독일 음악의 깊은 정서와 긴장감, 이탈리아 음악의 서정성, 프랑스와 영국 음악의 우아함과 세련됨을 골고루 갖추어 전 세계 사람들이 공감하는 모차르트 특유의 음악적 스타일을 이루어 냈습니다.

완숙한 고전음악 양식에 그의 천재성을 더해 우아하고 아름다운 멜로디, 간결하지만 완벽한 짜임새, 균형 잡힌 구조와 명확한 형식감, 몰입감 있는 화성진행을 특징으로 하며, 경쾌하고 단순하고 편안한 듯 들리지만, 어느덧 드라마틱한 대조를 이루며 종종 심오함과 절망이 느껴질 만큼 깊은 슬픔을 주기도 하는 등 그의 음악성은 도무지 그 끝을 알 수가 없습니다.

모차르트는 매우 뛰어난 피아니스트였지만 그 당시 손가락을 기계적으로 빠르게 움직이던 연주법에 비판적이었습니다. 대신 가벼운 터치와 울림이 있는 정제된 소리, 우아함을 갖춘 연주를 선호하였습니다.

모차르트 소나타는 아이들에게는 너무 쉽고 연주자들에게는 너무 어렵지요. (슈나벨)

연주자들은 누구나 이 말에 공감할 것입니다. 모차르트는 꼭 필요한 음 외에는 쓰지 않았다고 합니다. 음표의 수가 많지 않으므로 짜임새가 투명하여, 한 음 한 음의 음색을 표현하는 것이 그 어느 음악가의 작품보다 더욱 중요시됩니다. 그래서 음악을 공부하면 할수록 모차르트 연주가 어려워지는 것 같습니다. 적은 수의 음만으로 그토록 끝없이 깊이 있고 숨 막힐 듯 아름다운 표현들이 가능하도록 수많은 작품을 만들어 낸 그는, 천재 중에도 천재인 것이 맞는 것 같습니다. 모차르트의 수많은 명곡 중 몇 곡만 골라 레가토 터치와 프레이징에 집중하여 아름다운 음색을 표현할 수 있도록 편곡해 보았습니다.

Table of Contents

Piano Concerto No. 21 in C Major, K. 467, 2nd mov.

피아노 협주곡 21번 다장조, 작품번호 467, 2악장

경쾌하고 밝게 시작하는 1악장과 더불어 피아노 협주곡 21번의 우아하고 서정적인 2악장은 모차르트의 피아노 협주곡 중 지금까지 가장 폭넓은 사랑을 받은 곡으로 1785년 작곡되었습니다.

이 평화로운 2악장은 1967년 제작된 비극적이면서도 아름다운 사랑의 영화 <엘비라 마디간 Elvira Madigan>에 사용되어 영화보다 더 유명한 곡이 되어서 사람들에게 아예 '엘비라 마디간'으로 알려져 있을 정도입니다. 세상 사람들의 비난으로부터 도망 다니는 신세이지만 여전히 진심으로 사랑하는 영화 속 주인공들의 순수한 마음을, 음악으로 표현한 사랑의 테마로 완벽했기 때문인 것 같습니다.

『Touching Piano』에서는 원곡의 길이를 짧게 편집하여 오른손의 아름답고 긴 멜로디를 노래하듯이 레가토로 치는 것에 집중하고 왼손의 지속적인 화성 반주는 연속적인 셋잇단음표로 편곡하여 분산화음을 고르게 연주하는 것을 연습할 수 있도록 하였습니다.

바장조(F Major)

34

Teaching Point.

1) 리듬
- 셋잇단음표를 고르게 연주하도록 합니다. 각 손가락의 고른 움직임을 위해 붓점 연습도 제안합니다.
- 겹붓점과 붓점을 구분해서 칩니다(1마디와 7, 9마디 비교).
- 양손의 리듬이 다르게 연주되는 2:3, 3:4를 연습합니다(2,5-6,8마디).

2) 아티큘레이션
- 오른손의 아름다운 멜로디는 최대한 손목의 힘을 풀고, 길게 호흡하며 레가토(legato)로 연주합니다. 로테이션(rotation)을 이용하여 오페라의 아리아처럼 충분히 울림이 있는 소리를 만들어 봅니다.

3) 펼침화음(Broken chords)
- 왼손은 손목을 둥글게 원을 그리는 듯한 모양으로(손목 로테이션) 부드럽게 연주합니다.
- 핑거 페달(finger pedal)을 이용하여 연주해 봅니다. ·················· 터칭피아노 핑거 페달

4) 프레이즈(Phrase)
- 제안된 프레이즈 표시를 지키며 한 호흡으로 연주해 봅니다. 3마디, 2마디, 6마디에 걸친 다양한 길이의 프레이즈를 연주해 봅니다.

5) 도전
- 양손이 서로 다른 리듬을 연주합니다. 왼손이 셋잇단음표를 하는 동안 오른손이 8분음표를 치거나 16분음표를 치는 경우, 2:3, 4:3으로 엇갈리는 리듬을 연습합니다(2,5-6,8마디).
- 양손 교차 즉, 오른손이 낮은 음역대를 연주할 때 양손을 교차하여 연주하는 부분이 있습니다(7, 9마디). 이때 팔만 교차하지 말고 어깨의 각도를 부드럽게 조정하고 몸통의 중심을 필요한 만큼 왼쪽이나 오른쪽으로 조금 이동하여 멜로디의 음색이 바뀌지 않도록 집중합니다.
- 곡의 마지막 부분을 연속 3도 화음으로 연주할 때 소리가 커지지 않도록 손목 스타카토로 부드럽게 연주합니다(21, 22마디). (강의 영상 손목스타카토 참고)
- 레가토 페달을 연습해 봅니다(4, 16마디).

Piano Concerto No. 21 in C Major, K. 467, 2nd mov.

Laudate Dominum in C Major, K. 339, No. 5

'주를 찬양하라' 다장조, 작품번호 339, 5번

1780년 모차르트는 잘츠부르크 대성당의 전례를 위해 K. 321, K. 339-두 편의 저녁기도 (Vesperae)를 작곡했습니다. 이 곡들은 각각 6곡으로 구성되어 있는데, 그중 5번째 곡인 '라우다테 도미눔Laudate Dominum'은 시편 117편을 바탕으로 쓰인 곡으로 소프라노 솔로의 유려하고 풍부한 표현력을 감상할 수 있습니다. 특히 K. 339의 '라우다테 도미눔'은 그 특별한 아름다움 때문에 전곡보다는 독립적으로 자주 연주되는데, 주된 선율이 오케스트라, 소프라노 솔로, 합창으로 이어지며 조화롭게 어우러짐으로 찬양의 감동을 더해 가고 있습니다.

『Touching Piano』에서는 이 곡의 아름다운 솔로 선율을 긴 호흡으로 노래하는 연습에 초점을 맞추고 왼손 반주는 8분음표로 단순하면서도 풍부한 화성이 드러나도록 편곡하였습니다. 앞부분의 반복은 오케스트라의 바이올린이 주도하는 전주 그리고 이어지는 소프라노 솔로의 파트로, 비록 피아노에서는 동일한 색채가 나겠지만, 원곡에서 여러 악기의 향연이 이루어지고 있는 것을 상상하며 이 아름다운 선율을 마음 다해 표현해 보시기 바랍니다.

가곡

Laudate Dominum omnes gentes	주님을 찬양하여라, 모든 민족들아
Laudate eum, omnes populi	주님을 찬미하여라, 모든 겨레들아
Quoniam confirmata est	그분의 사랑 우리 위에 굳건하고
Super nos misericordia eius	자비로운 마음 끝없네
Et veritas, veritas Domini manet, manet in aeternum	주님의 진실하심 영원하여라
Gloria Patri et Filio et Spiritui Sancto	성부와 성자와 성령께 영광을 드립니다
Sicut erat in principio et nunc, et semper	태초에 그랬던 것처럼 지금도 언제나
Et in saecula saeculorum, Amen.	그리고 세세토록 영원히, 아멘.

Teaching Point.

1) 리듬

- 6/8박자를 살리며 3개씩 묶인 8분음표들을 고르게 연주합니다.
- 오른손은 타이(tie)를 끝까지 채우고 그다음 음을 연주합니다(1, 2, 3, 5마디 등).
- 16분음표를 서두르지 않고 노래하듯 아름답게 연주합니다(8-10, 31, 35-36, 40-41마디).
- 32분음표 스케일을 연주할 때 역시 서두르지 않고 노래하듯이 여유 있게 연주합니다(27마디).

2) 아티큘레이션

- 슬러(slur): 왼손은 펼침화음의 형태인 세음 슬러입니다. 화성을 생각하며 손가락이 아닌 손바닥과 손목 로테이션을 이용하여 연주합니다.
- 레가토(legato): 오른손은 항상 레가토로 연주하며 긴 호흡의 프레이즈를 연습합니다. 지속음에서 손가락 번호를 바꾸는 곳들이 있습니다(2, 10, 21, 41마디). 소리가 끊어지지 않도록 표시 나지 않게 바꿉니다.

3) 박자

- 6/8박자에 익숙해지기: 오른손은 레가토로 긴 프레이즈를 연주하는 동안 왼손은 겹박자의 리듬 패턴을 따라 분산화음을 연주합니다.

4) 프레이징

- 느린 곡인데 4마디의 단위의 긴 프레이즈들이 많습니다(1-4, 11-14, 29-32, 40-43마디 등). 성악곡을 들으며 호흡을 따라서 노래해 보면 길게 연결하는 프레이즈를 만드는 것에 도움이 됩니다.

5) 도전

- 핸드 포지션(hand position) 연습: 왼손의 화음이 계속 변화하므로 화성의 진행을 생각하며 팔을 신속하고 부드럽게 움직여 손의 위치를 정확히 찾는 연습을 합니다.
- 오른손은 붙임줄이 있을 때마다 왼손의 반주를 잘 듣고 박자에 맞춰서 정확히 연주되도록 합니다(예를 들어 1-3, 5, 9-10, 18, 27, 31, 33-34, 41마디 등).
- 16분음표 연주: 손가락 번호에 주의하고 고르게 소리가 나도록 손가락과 손목을 잘 로테이션합니다(8-10, 31, 40-41마디).

Laudate Dominum in C Major, K. 339, No. 5

Piano Concerto No. 20 in D minor, K. 466, 2nd mov.

피아노 협주곡 20번 라단조, 작품번호 466, 2악장

1785년에 작곡한 교향악적 피아노 협주곡입니다. 27개의 피아노 협주곡 중에서 24번 C minor와 더불어 단 두 곡밖에 없는 단조 작품이자 최고의 걸작으로 평가되며, 이 곡을 작곡하던 시기를 전후로 d 단조의 오페라 <이도메네오>와 <돈 조반니>를 작곡하여 두 오페라에서 느껴지는 D 단조의 격정이 피아노 협주곡 20번에도 고스란히 담겨 있습니다.

모차르트의 협주곡 중 가장 비극적이고 긴장감이 도는 1악장과는 너무나 대조적으로 2악장은 정말 사랑스럽고 아름다운 멜로디를 가진 곡으로 그의 생애를 다룬 영화 <아마데우스>의 결말을 장식하는 곡이기도 합니다. 두 사람이 아름다운 사랑의 꿈을 꾸며 이중창을 하는 듯 세레나데 풍의 우아함으로 다정하게 연주를 시작합니다. 다소 슬프게 느껴지기도 하지만 모차르트 특유의 낙천성과 천진난만한 감성이 묻어나는 곡입니다.

『Touching Piano』에서는 B♭ Major인 2악장을 G Major로 이조하였고, 반복 없이 주요 멜로디 진행으로만 구성하여 짧은 시간 안에 아름다운 선율을 가족과 지인에게 들려주고 싶을 때 연주용으로 사용할 수 있도록 만들었습니다.

사장조(G Major)

Scale

Arpeggio

Piano Concerto No. 20 in D minor, K. 466, 2nd mov.

1) 리듬
- 의외로 쉼표가 많이 나옵니다. 특히 왼손 쉼표로 시작하는 싱코페이션(syncopation)에 주의합니다(9-12마디). 반대로 28마디부터 나오는 오른손 싱코페이션 역시 잘 지켜서 연주해 봅니다.
- 붓점과 32분음표를 연주할 때 노래하듯 부드럽게 연주합니다. 셋잇단음표는 가볍게 슬러로 연주하며 손목 로테이션을 사용합니다(4, 9-12, 26마디).

2) 아티큘레이션
- 프레이징을 하며 레가토와 스타카토를 함께 연습합니다(1-4마디 등).
- 오른손은 레가토를 연주하고 왼손은 스타카토를 연주합니다(4, 16-18마디).
- 오른손은 레가토를 연주하고 왼손은 논레가토로 연주합니다(8마디).
- 슬러와 스타카토를 연결하여 연주하는 부분들을 잘 지켜서 연주합니다(16-20, 30-32마디 등).

3) 프레이징
- 시작 부분은 2마디씩 한 프레이즈로 연주하는 느낌이지만 4마디를 한 프레이즈로 생각하는 것도 듣기 좋습니다.
- 9마디부터 12마디까지 4마디를 한 프레이즈로 연주합니다.
- 16마디부터 20마디까지 5마디의 프레이즈로 길지만 한 프레이즈로 연주합니다. 마찬가지로 21-24, 25-30마디도 한 프레이즈로 연주하는 것이 듣기 좋습니다.

4) 도전
- 왼손의 윗선율이 오른손과 함께 듀오처럼 레가토로 성부진행을 하며 화음을 연주하는 것에 도전합니다(1-2마디). 단, 멜로디가 더 잘 들리도록 합니다.
- 왼손이 스타카토로 화음을 연주합니다. 이때 팔을 일정한 속도로 유지하여 음이 고르게 들리고 엄지손가락으로 치는 음들이 두드러지지 않도록 주의합니다(3-4마디 등).
- 턴(turn, 굴리기) 장식음 연주에 도전해 봅니다. 손목의 각도를 잘 조절하여 고르게 무게가 전달되도록 하면 아름다운 턴을 만들 수 있습니다(6, 14마디).
- 하강하는 빠른 스케일은 가볍게 손목 로테이션으로 연주합니다(9마디). (1권의 강의 영상 슬러 참고)
- 왼손의 분산화음 연주 시 손목의 각도를 조절하며 고르게 연주합니다(9마디).

Clarinet Concerto in A Major, K. 622, 2nd mov.

클라리넷 협주곡 가장조 작품번호 622, 2악장

모차르트의 유일한 클라리넷 협주곡으로 영화 <아웃 오브 아프리카Out of Africa>의 주제 음악으로 사용되어 더욱 유명해진 곡 입니다. 영화의 비극적 결말처럼 슬프도록 아름답지만 동시에 평온함과 따뜻함이 묻어나는 이 곡은 1791년 모차르트가 죽기 두 달 전에 완성되었으며, 아주 친했던 클라리넷 연주자 안톤 슈타들러(Anton Stadler) 를 위하여 클라리넷 협주곡 K. 622와 클라리넷 5중주곡 K. 581 두 곡을 작곡했습니다.

다시 돌아갈 수 없는 곳에 대한 그리움의 대상은 그때 그 시간이 될 수도 있고, 그곳이 될 수도 있고, 그 감정일 수도 있고, 어쩌면 더 이상 볼 수 없는 사람을 그리워하는 것일지도 모릅니다. 얼마나 오래전 일인지는 중요하지 않습니다. 그리움 안에서는 모든 것이 아직도 그때처럼 그대로입니다. 그때 들었던 음악이 있었다면 그 추억이 더욱 선명해집니다.

클라리넷 협주곡은 영화의 배경이 된 아름다운 자연과 이루어질 수 없었던 사랑의 슬픔이 더할 수 없이 잘 어울렸던 곡이었습니다. 그 곡들을 들으면 영화의 장면들이 떠오르면서 그곳에 그들과 함께 잠시 머물다 온 것 같습니다. 음악이 그 장소와 그곳에 있던 사람들의 모습과 그들의 아름다웠던 사랑의 감정들을 모두 담고 있다는 사실이 놀랍습니다. 음악 자체가 사랑이고 그리움인 것 같습니다.

모든 드라마는 주인공이 죽든, 오래오래 함께 살든, 끝이 있습니다. 드라마가 끝이 나듯 세상의 어떤 갈등과 고통도 끝이 나면 뭐든 아름답습니다. 죽음도 이별도 또 다른 시작 이니까요. 다시 만나게 될 날을 기다리기만 하면 됩니다. 그래서 세상의 모든 드라마는 해피 엔딩입니다. 가슴 벅차게 열정적으로 끝나든, 숨 막히게 조용히 침묵으로 끝나든 모든 음악의 종결은 더없이 아름다운 것 같습니다.

『Touching Piano』에서는 C Major로 이조하여 편곡하였습니다.

Teaching Point.

1) 리듬
- 3/4 3박자의 느린 춤곡의 느낌으로 흐르듯이 연주합니다. 너무 늘어지듯이 치지 않습니다.
- 붓점과 쉼표를 잘 지키며 특히 프레이즈의 마지막에 나오는 쉼표에서 노래하듯이 호흡을 들이마시며 쉬어 줍니다(2, 4마디 등).

2) 아티큘레이션
- 양손 모두 레가토에 집중합니다. 오른손의 레가토 선율이 왼손의 반복되는 로테이션 패턴에 지장을 받지 않도록 조심합니다. 왼손은 슬러를 하듯이 연주합니다.

3) 프레이징
- 모차르트의 곡은 대부분의 고전음악이 그렇듯 '짧은 프레이즈+짧은 프레이즈+긴 프레이즈'의 구조를 가질 때가 많습니다. 가장 흔한 예가 이 곡처럼 '2마디+2마디+4마디'의 구조입니다. 고전 시대 양식의 균형감을 느끼며 프레이징을 합니다.
- 왼손 반주도 오른손의 프레이징을 따라서 부드럽게 연주합니다.

4) 다이내믹(Dynamics)
- 포르테(forte)일 때 한 음 한 음 건반의 바닥까지 팔의 무게를 가지고 정성껏 연주합니다.

5) 균형(Balance)
- 왼손이 오른손보다 음이 더 많지만 크게 들리지 않도록 슬러를 하듯 손목을 아래위로 움직이며 브러싱하듯 부드럽고 가벼운 터치로 연주합니다.
- 특히 포르테를 연주할 때(9-14마디) 팔의 바깥 근육(삼두근)을 이용하여 연주해 보면 단단하지만 거칠지 않은 소리를 낼 수 있습니다.

6) 도전
- 왼손이 화음으로 진행되므로 다음에 올 화음들의 패턴들을 익히고 손가락을 미리 준비합니다. 왼손을 미리 따로 연습하는 것을 추천합니다(21-22, 29-31마디).
- 연속적인 3도 화음을 레가토로 연주해 봅니다. 이때 윗소리를 더 크게 내도록 집중하면 아름답게 연결하여 연주할 수 있습니다(18, 20, 26, 28마디).

Clarinet Concerto in A Major, K. 622, 2nd mov.

Don Giovanni, K. 527, 'Deh vieni alla finestra'

오페라 <돈 조반니>, 작품번호 527, '그대여 창가로 나오라'

1787년에 빈에서 혹평을 받은 <피가로의 결혼>이 프라하에서는 대성공을 거둡니다. 모차르트는 자신을 환영해 준 도시 프라하에서 같은 해 10월 28일 오페라 <돈 조반니>를 완성하고 다음 날인 10월 29일 초연을 합니다. 이런 인연으로 <돈 조반니>는 프라하 사람들이 가장 사랑하고 자랑스러워하는 오페라가 되었고 <돈 조반니>의 아리아들을 극장에서는 물론, 프라하의 거리의 어디를 가더라도 인형극으로, 기타 반주로 들을 수 있습니다.

<돈 조반니>는 <피가로의 결혼Le nozze di Figaro>(1786), <코지 판 투테Cosi fan tutte>(1790)와 더불어 모차르트의 3대 희극 오페라(Opera buffa) 중 하나입니다. 모차르트 특유의 희극적인 요소가 전반적으로 잘 묻어 있으며, 바람둥이 귀족인 돈 조반니가 약혼자가 있는 안나를 유혹하는 모습에 분개한 안나의 아버지인 기사장과 결투를 벌이다가 기사장을 죽이는 것으로 극이 시작됩니다. 그리고 석상으로 나타난 기사장이 돈 조반니를 지옥으로 끌고 내려가는 것으로 막이 끝나는 작품으로 희극으로 보기에는 썩 유쾌하지만은 않습니다. 하지만 '그대여 창가로 나오라'는 아름다운 엘비라를 유혹하기 위해 창가에서 부르는 더없이 아름답고 달콤한 세레나데입니다. 이 사랑스러운 테너의 아리아는 처음부터 끝까지 만돌린과 현의 피치카토로 반주됩니다.

가곡

Deh, vieni alla finestra, o mio tesoro,
Deh, vieni a consolar il pianto mio.
Se neghi a me di dar qualche ristoro,
Davanti agli occhi tuoi morir vogl'io!

오, 사랑하는 이 창가로 와주오
오, 여기 와서 내 슬픔 없애주오
내 괴로운 마음 몰라주면
그대 보는 앞에서 목숨을 끊으리

Tu ch'hai la bocca dolce più che il miele,	그대의 입술은 꿀보다 더 달고
Tu che il zucchero porti in mezzo al core!	그대의 마음은 꽃보다 고와
Non esser, gioia mia, con me crudele!	나에게 가혹한 짓 하지 않으리
Lasciati almen veder, mio bell'amore!	여기 나와 그대 찬미하게 해주오

Teaching Point.

1) 아티큘레이션: 스타카토 vs. 레가토

– 3번에 이어 스타카토와 레가토를 동시에 연습할 수 있는 매우 유용한 곡입니다. 이 곡에서는 오히려 레가토보다는 스타카토가 많이 연주됩니다. 곡을 시작할 때 원곡에서 연주되는 만돌린을 상상하며 스타카토를 가볍고 투명하게 연주해 봅니다(1-4마디).

– 아리아 부분은 오른손이 노래하듯 레가토로 슬러를 연주하고, 왼손은 지속적으로 만돌린처럼 스타카토로 연주합니다(5-11마디 등).

2) 프레이징

– 만돌린 반주를 제외한 노래하는 부분은(5-12마디) 가사에 맞춰 프레이징을 해봅니다. '2마디+2마디+4마디' 구조입니다.

3) 도전

– 연속적인 핑거 스타카토는 아래팔을 고정하고 손끝으로 가볍게 연주합니다. (1권 강의 영상 참고)

– 테너의 아리아 부분을 레가토로 연주하다가 갑자기 스타카토로 만돌린과 현의 피치카토를 연주하는 부분이 흥미롭기도 하지만 쉽지 않습니다(12마디).

– 오른손 아르페지오(arpeggio) 연주를 스타카토로 치기 전에 레가토로 미리 연습합니다(4, 12-14, 24마디).

Don Giovanni, K. 527, 'Deh vieni alla finestra'

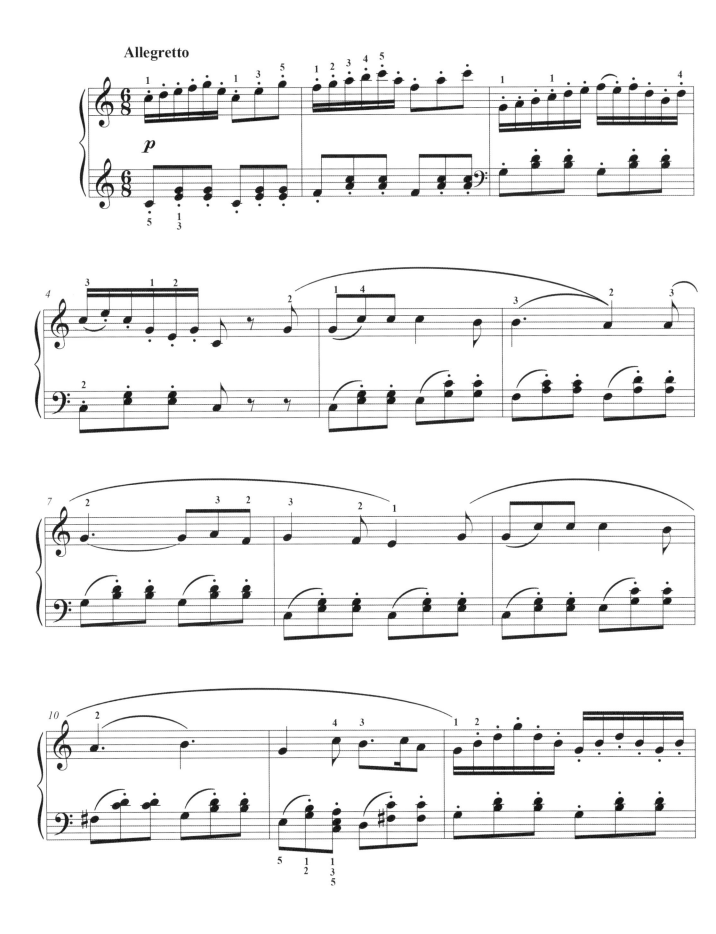

Don Giovanni, K. 527, 'Là ci darem la mano'

오페라 <돈 조반니>, 작품번호 527, '거기서 그대 손을 잡고'

1817년 작곡된 가곡으로 크리스티안 프리드리히 다니엘 슈바르트의 시를 가사로 삼아 작곡하였으며, 원래의 시는 4절 구성이나, 슈베르트는 3절까지만 곡을 붙였습니다. 마치 거울 같은 맑은 강에서 뛰어노는 송어의 모습을 그린 멜로디가 그 물가의 풍경을 그림 그리듯 보여 줍니다. 슈베르트는 2년 후인 1819년 22세에 4악장으로 구성된 피아노 5중주곡을 마치 <방랑자 환상곡> 2악장처럼 4악장에 가곡 <송어>의 선율을 주제 삼아 변주곡으로 작곡했습니다.

이 피아노 5중주는 편성이 특이합니다. 보통 피아노 퀸텟에 들어가는 제2바이올린 대신에 이 곡에서는 더블베이스가 들어가 피아노, 바이올린, 비올라, 첼로, 더블베이스로 구성되었습니다.

Don Giovanni:

Là ci darem la mano

Là mi dirai di sì

Vedi, non è lontano

Partiam, ben mio, da qui

그 손을 내게 주오

그러겠다고 내게 말해요

봐요, 그리 멀지 않아요

여기서 떠납시다, 내 사랑

Zerlina:

Vorrei e non vorrei

Mi trema un poco il cor

Felice, è ver, sarei

Ma può burlarmi ancor

가야 하나 말아야 하나

가슴이 두근거려

진짜 행복할지도 모르지만

어쩌면 거짓일지도 몰라

Vieni, mio bel diletto!

이리 와요, 내 사랑

Mi fa pietà Masetto

마제토에게 너무 미안해

Io cangierò tua sorte

당신의 운명을 바꾸어 주리다

Presto, non son più forte!

어쩌지, 넘어갈 것 같아 넘어갈 것 같아

Teaching Point 1.

1) 리듬
- 2/4박자로 시작하여 39마디에서 6/8박자로 변하는 것에 주목합니다.
- 싱코페이션을 잘 살려서 약간 유머러스하게 연주합니다. 돈 조반니의 노래 부분입니다(2, 6, 8, 23마디). 둘이 새출발하는 의미를 가진 6/8박자에서 이 당김음이 다시 등장하는 것은(40, 42 마디) 체를리나가 돈 조반니에게 넘어온 것을 의미하는 듯해서 흥미롭습니다.
- 프레이즈의 끝부분의 쉼표를 잘 지켜서 마무리합니다(10, 14, 27, 51마디).
- 왼손의 쉼표들도 정확하게 지켜서 싱코페이션이 잘 드러나도록 합니다(20, 32-34, 36, 37, 47, 49마디).
- 32분음표들은 손목 로테이션을 이용하여 고르고 가볍게 연주합니다(14, 21, 28마디).
- 시실리안(Sicilienne) 리듬은 6/8의 강박과 약박을 느끼며 물결의 흐름처럼 연주합니다(39마디 부터 끝까지).

2) 아티큘레이션
- 오른손의 레가토를 유머러스하지만 다소 무겁게 표현합니다(1-4마디).
- 왼손은 가벼운 스타카토로 연주합니다(1-4마디).
- 왼손이 슬러로 반주할 때 엄지가 무거워지지 않도록 주의합니다. 로테이션을 이용하여 연주합니다(29-31마디).

Teaching Point 2.

3) 프레이징

– '4마디+2마디+4마디'의 프레이징으로 시작합니다(1-10마디).

– 다음은 소프라노와 테너가 주고받으며 노래하는 호흡대로 프레이즈를 표시해 봤습니다. 노래를 들어 보며 다양한 길이의 프레이즈를 잘 만들어 봅니다.

4) 도전

– 오른손에 슬러와 연타가 연달아 나옵니다. 연타 손가락 번호에 주의합니다(17-19마디).

– 왼손 도약은 아래팔이 움직여서 빠르게 이동하도록 합니다(6, 9마디).

– 왼손 아르페지오는 오른손과 반대 방향으로 진행하며 고르고 가볍게 연주합니다(11-12마디).

– 턴: 손목을 회전하듯 유연하게 움직입니다(14마디).

– 빠른 스케일은 슬러처럼 손목의 로테이션을 이용해 연주합니다(21, 28마디).

5) 음악적 표현

– 돈 조반니를 따라갈까 말까 흔들리는 마음을 17-19마디에서 표현하고 있습니다.

– 템포(tempo, 빠르기)의 변화도 익숙해지도록 연습해 봅니다. 두 군데의 리타르단도(ritardando)를 자연스럽게 표현합니다(21, 38마디). 특히 38마디에서는 2/4에서 6/8으로 넘어갈 때 페르마타(fermata)를 잘 이용해 부드럽게 연결합니다.

– 드라마틱한 변화가 있는 39마디 이전은 32마디부터 한 프레이즈로 긴장감을 올려 봅니다.

– 박자가 6/8박자로 바뀐 39마디부터는 더 이상 망설임은 그만하고 함께하기로 한 두 사람의 행복한 이중창을 연상하며 양손 모두 레가토로 연주합니다. 양손의 음색을 맞춰서 깔끔하게 연주하도록 잘 들어 봅니다.

Exsultate Jubilate, K. 165, 'Alleluia'

<환호하라, 기뻐하라>, 작품번호 165, '알렐루야'

1773년 모차르트 17살 때 작곡한 3악장 구성의 모테트입니다. 빠른 악장, 느린 악장, 빠른 악장의 3개의 악장으로 작곡되었는데, 그중 가장 잘 알려진 곡은 3악장 '알렐루야'입니다. 모테트는 성경 말씀을 기반으로 한 라틴어 가사가 붙은 다성부의 성악곡을 뜻합니다. 이 곡은 종교 음악임에도 불구하고 화려하고 서정적이며 섬세한 매력이 돋보이는 곡이며, 특별히 독창으로 연주되는 모테트로 원래는 카스트라토 가수를 위해 작곡된 성악적인 기교를 요구하는 곡입니다. 요즘은 일반적으로 소프라노들이 부릅니다.

원곡을 들어 보면서 노래가 나오는 지점과 전주 혹은 간주로 악기만 나오는 지점을 잘 구분하여 연주해 보세요.

Teaching Point.

1) 리듬

– 활발한 붓점으로 시작하며 생기와 기쁨이 가득함을 보여 주는 연주를 해봅니다.

– 왼손으로 슬러를 하면서 쉼표로 시작하는 오른손의 싱코페이션을 동시에 연주하는 부분이 쉽지 않습니다(25-28마디).

– 왼손과 엇갈리게 오른손이 계속 싱코페이션으로 연주합니다. 이때 음표의 길이가 잘 지켜지도록 합니다(45-48마디).

2) 아티큘레이션

– 슬러와 스타카토로 대부분 이루어집니다.

– 논레가토: 1-16마디의 왼손은, 슬러 있는 부분을 제외하고는 팔을 이용한 논레가토로 연주합니다. 33마디부터 등장하는 긴 멜리스마(성악곡에서 가사의 한 음절에 많은 음표를 장식적으로 달아 표정을 풍부하게 하는 기법, melisma) 멜로디는 손목을 이용한 논레가토로 명확하고 가볍게 연주합니다.

3) 프레이징

– 선율적 종지를 갖는 4마디의 구조로, 호흡을 생각하며 안정적인 프레이즈를 만드는 연습을 할 수 있는 곡입니다. 대개는 4마디와 2마디로 연주됩니다.

– 하지만 44-50마디, 71-78마디는 긴 프레이즈로 한 호흡으로 우아하게 연주합니다.

4) 도전

– 연속적인 슬러를 위해 왼손 손목의 힘을 바로바로 풀어 줍니다(17-23, 25-28마디).

– 16분음표의 턴 음형이 많이 나오는데 모두 고르게 들리도록 연습합니다. 손목 로테이션과 붓점 연습이 도움이 됩니다(17, 21, 25, 27, 39, 41, 43, 78-81마디).

– 왼손의 진행이 오른손과 독립적으로 움직일 때 왼손도 논레가토로 좋은 톤을 낼 수 있도록 연습합니다(45-49, 55-57마디).

– 트레몰로는(71-77마디) 가볍게 오른손의 멜로디의 화성을 채워 주는 느낌으로 작게 시작하여 점점 크게 로테이션을 더 빠르게 하면서 곡의 마지막 포르테를 향해 긴장감을 상승하는 역할을 합니다.

Exsultate Jubilate, K. 165, 'Alleluia'

Allegro non troppo

Symphony No. 40 in G minor, K. 550, 1st mov.

교향곡 40번 사단조, 작품번호 550, 1악장

고전 시대의 가장 위대한 작품 중 하나로 평가받는 교향곡 40번은 1788년 6월에 시작하여 8월에 완성되었습니다. 모차르트는 총 41개의 교향곡을 작곡했는데 단조 조성의 곡은 단 두 개뿐입니다. 곡을 시작하자마자 느껴지는 강렬한 긴장감과 불안감은 또 다른 G minor 조성인 교향곡 25번과 모차르트의 피아노 협주곡 D minor 1악장의 분위기와 매우 흡사합니다. 모차르트 사후 2년이 된 1793년에 빈의 악보상인 요한 트렉(Johann Traeg)에 의해 출판될 당시 "거장의 마지막 교향곡 중 하나이며 가장 아름다운 작품"이라는 문구로 홍보될 만큼 아름다운 멜로디와 열정, 드라마를 고루 갖춘 교향곡입니다.

『Touching Piano』에서는 이 유명한 교향곡 40번 제시부 앞에 9마디의 짧은 서주를 추가하였습니다. 서주를 연주하는 동안 주요 음형을 짧게 반복적으로 사용하고, 반음계가 강조된 선율을 따라 시작 부분의 기대감, 긴장감을 불러일으키도록 표현해 봅니다.

사단조(G minor)

Teaching Point.

1) 리듬
- 원곡에서는 이 곡의 모티브가 되는 두 개의 16분음표와 8분음표로 이루어진 리듬이 2/2박자의 못갖춘마디로 시작합니다. 하지만 『터칭 피아노』에 추가된 서주 부분에서는 첫마디부터 등장하는 8분쉼표가 리듬의 흐름과 분위기 조성에 큰 영향을 줍니다. 호흡을 하면서 쉼표를 정확하게 연주해 봅니다.
- 21마디와 25마디의 마지막 32분음표들은 마치 곡의 처음처럼, 못갖춘마디를 들어가는 듯 강박을 향해 연주합니다.

2) 아티큘레이션
- 슬러와 연타가 함께 연주하므로 아래팔을 몸쪽으로 회전하며 건반을 안쪽에서 바깥으로 길게 유연하게 쓰도록 합니다. 같은 음을 연속적으로 연주할 때 소리가 빠지지 않도록 슬러의 둘째 음을 빠른 손끝 스타카토로 연주해야 합니다. 이때 손가락 번호를 잘 지켜야 아티큘레이션을 지키며 연주할 수 있습니다(11마디부터).
- 반음계 스케일은 감정을 실어서 레가토로 연주합니다(4, 23, 27마디).
- 왼손의 레가토도 선율적으로 연주합니다(17마디).

3) 프레이징
- 4번의 클라리넷 협주곡처럼 '2마디+2마디' 구조로 시작하지만 5-6마디는 7마디를 향해 가되 아지타토(급하게, agitato)의 느낌으로 짧은 호흡으로 연주합니다. 7마디부터는 다시 2마디 구조의 프레이징을 합니다.
- 인트로를 지나 원곡이 시작되는 11마디부터는 '2+2+2' 구조의 프레이즈로 연주합니다.
- 17마디 왼손 프레이징에 유의합니다.

4) 음형
- 왼손의 알베르티 베이스(Alberti bass)를 고르게 연주합니다. 알베르티 베이스는 고전 시대 유행하던 분산화음의 반주형태로 핑거 페달을 사용하여 연주하면 좋습니다(10마디부터).

5) 도전
- 곡 전반에 걸쳐 아래팔과 손목이 효과적으로 잘 사용되어야 하는 것이 관건입니다. 곡의 모티브를 연주할 때 반복음이 빠지지 않도록 손목은 슬러를 하는 방향으로 다운 업을 연주하며 각도를 잘 조정합니다. 엄지를 가볍고 단단하게 치도록 미리 준비해 둡니다. 빠르게 내려오는 스케일을 가볍게 손목 로테이션을 이용해 연주해 봅니다(21마디).
- 트레몰로: 아래팔 로테이션을 사용하여 가볍게 연주합니다. 엄지에 악센트가 생기지 않도록 조심합니다.

Symphony No. 40 in G minor, K. 550, 1ˢᵗ mov.

Serenade No. 13 in G Major, K. 525, Eine Kleine Nachtmusik, 1ˢᵗ mov.

현악 세레나데 사장조 제13번, 작품번호 525, <소야곡>, 1악장

1787년에 현악5부를 위해 작곡한 세레나데로 전체 13곡의 세레나데 가운데 가장 유명한 세레나데입니다. 흔히 연인의 창가에서 연주하는 곡을 '세레나데'라고 하지만 몇몇이 함께 연주하거나 귀족들의 파티 등에서 연주할 목적으로 작곡된 소규모의 관현악 합주곡도 '세레나데'라고 합니다. 이런 형식의 세레나데는 모차르트가 처음 시작한 것으로 알려지며, 대표적으로 차이콥스키, 엘가, 드보르자크의 <현을 위한 세레나데> 등이 있습니다. 밝고 아름다운 선율로 한번 들으면 누구나 쉽게 따라 할 수 있는 익숙한 선율로 만들어진 4악장 구성의 간결한 작품입니다. 우리는 이 중 1악장을 피아노로 연주해 봅니다.

『Touching Piano』에서는 이 곡을 원곡에 비해 짧은 길이로 편집하기 위해 재현부의 조성 진행을 따르고 있습니다. 우리 귀에 매우 익숙한 멜로디를 따라 리듬감을 살려 표현해 보세요.

사장조(G Major)

Teaching Point 1.

1) 리듬

- 쉼표: 8분쉼표를 정확하게 지켜서 붓점처럼 연주되지 않도록 합니다(1, 3마디).
- 붓점: 점4분음표의 붓점과 점8분음표의 붓점의 차이를 정확히 이해하고 연주합니다(22-23마디).
- 싱코페이션: 5마디부터 지속적으로 싱코페이션이 나옵니다.
- 셋잇단음표: 8분음표를 셋으로 나눠 연주합니다. 느려지지 않도록 연주합니다(26, 28마디 등).

2) 아티큘레이션 (1권 슈베르트 강의 영상 아티큘레이션 참조)

- 스타카토: 다양한 종류의 스타카토를 골고루 연습할 수 있습니다.
  *테누토 스타카토(1-4마디, 49-52마디): 손목을 고정하고 아래팔을 이용하여 스타카토를 함으로써 고르고 단단한 느낌을 줄 수 있습니다. 이런 경우 스타카토로 연주하기 전에 레가토로 먼저 연습해 봅니다. 그다음 아래팔의 속도를 잘 조정하여 스타카토가 고르게 들리도록 합니다.
  *손목 스타카토(5-8마디, 18-23마디) 아래팔의 전완근과 손목을 이용하여 연주합니다. 손목이 과하게 흔들리지 않도록 주의합니다. ⋯⋯⋯⋯⋯⋯⋯⋯ 티칭피아노 손목 스타카토
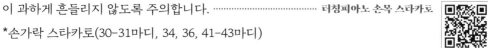
  *손가락 스타카토(30-31마디, 34, 36, 41-43마디)

- 레가토: 잠깐씩 나오는 레가토 연주가 돋보이도록 잘 표현해 봅니다(26, 28, 29, 44-47마디).
- 이외에도 테누토, 슬러, 스포르잔도(18, 19마디), 논레가토(37-38마디 왼손) 등 다양한 종류의 아티큘레이션을 정확하게 표현해 봅니다.

3) 프레이징

- 다양한 길이의 프레이즈들이 명확하고 아름답게 표현되도록 해봅니다.
- 2마디 프레이징(1-2마디) / 2마디 프레이징(3-4마디) / 6마디(2+2+2) 프레이징(5-10마디) / 4마디 프레이징(11-14, 22-25마디) 등

Serenade No. 13 in G Major, K. 525, Eine Kleine Nachtmusik, 1st mov.

— Teaching Point 2. —

4) 로테이션
- 트레몰로: 로테이션을 이용해서 연주하며 크레센도(점점 크게, crescendo) 연주 시 점점 무게와 속도를 빠르게 합니다(20-21마디).
- 빠른 하강 스케일은 손바닥의 근육과 손목 로테이션으로 가볍게 연주합니다(26, 28마디).
- 로테이션을 이용하여 트릴과 슬러를 동시에 연주합니다(34-36마디).

5) 도전
- 아르페지오: 처음 시작은 양손을 빠르게 아르페지오로 연주합니다. 전체 화음을 미리 생각하고 손 모양을 준비합니다.
- 턴: 손목에 힘이 들어가지 않도록 주의합니다(6, 8, 41-43마디).
- 연속 3도: 윗소리가 더 잘 들리도록 연주합니다(11-12, 15-16마디). 29마디에서 시작하여 31마디까지 왼손에 선율이 있습니다. 화음의 윗성부에서 연주되는 왼손의 선율 부분을 잘 들어 봅니다.
- 핑거링: 같은 음을 반복적으로 칠 때는 다른 손가락을 번갈아 칠 때 더 좋은 소리가 납니다(25, 30-31, 34-36마디).

5 Variations in Mozart Style on 'Ah, vous dirai-je, Maman' in C Major, arranged by Esther Kim

<아, 어머니께 말씀드리죠 주제에 의한 모차르트 풍의 5개 변주곡> 다장조, 김에스더 편곡

동요 <작은 별>로 우리에게 친숙한 이 곡은 좋아하는 남자친구가 생겼다는 것을 엄마에게 고백하는 내용을 담은 프랑스 민요인 <아, 어머니께 말씀드릴게요Ah, vous dirai-je, mamam>입니다. 모차르트는 어머니가 돌아가신 1778년경 파리에서 들었던 이 곡의 주제를 가져와 후에 다채로운 음형을 가진 12개의 피아노 변주곡으로 완성하였습니다.

『Touching piano』에서는 원곡인 모차르트 변주곡의 구성을 따라 오른손과 왼손의 리듬 연습의 형태로 스케일과 트릴, 스타카토, 아르페지오와 같은 피아노 테크닉을 훈련할 수 있도록 완전히 새로운 변주곡을 작곡 하였습니다. 2권을 정리하는 것이기도 하지만 3권에서 집중적으로 배울 내용을 미리 살펴본다고 할 수 있습니다. 익숙한 멜로디 위에 다양한 음형의 변화, 화성의 변화를 가미하고 특히 3번 변주곡에서는 장식되고 확장된 새로운 선율을 선보임으로써 아름다운 레가토와 긴 프레이징을 만드는 즐거움을 느끼고 노래할 수 있게 하였습니다.

Teaching Point 1.

Theme 주제: 2/4박자의 24마디로 된 주제입니다. 4마디 단위로 이루어진 프레이즈를 아름답게 레가토로 연주해 봅니다.

Var. 1 "Scale"

1) 아티큘레이션
- 그동안 배운 레가토와 스타카토, 슬러를 적용해 봅니다.
- 오른손의 짧은 스케일은 손가락과 손목의 로테이션을 함께 이용하여 슬러로 연주합니다.

2) 프레이징
- 4마디 구조로 이루어진 프레이즈입니다.

3) 도전
- 오른손 스케일 훈련입니다.
- 스케일과 분산화음을 번갈아 연주합니다(37-39마디).
- 왼손은 주제를 3도로 연주하는데 끊어지지 않고 레가토로 연결되도록 합니다. 숨어 있는 주제선율이 들릴 수 있게 연주해 봅니다.

Var. 2 "왼손 Trill"

1) 아티큘레이션
- 오른손은 레가토로 왼손은 슬러를 적용하여 연주합니다.

2) 프레이징: '8마디+4마디+4마디+8마디'구조의 프레이즈를 잘 표현하여 연주합니다.

3) 도전
- 오른손이 주제를 연주할 동안 왼손은 트릴을 연습합니다. 트릴을 할 때 이두근을 이용하여 효율적이고 가볍게 연주해 봅니다.
- 왼손을 빠른 속도로 정확하게 칠 수 있도록 손바닥을 넓게 펴고 연습합니다(52-55마디 등).

Var. 3 "Melody"

1) 프레이징
- 4/4박자의 총 16마디 곡으로 프레이징의 구조가 바뀝니다. 전체구조는 '2마디+2마디+4마디+4마디+2마디+2마디'입니다.

2) 아티큘레이션과 도전
- 양손 모두 레가토로 서정적인 멜로디를 대위적으로 연주합니다.
- 각기 다른 두 선율을 동시에 아름답게 프레이징을 하는 도전을 합니다.

5 Variations in Mozart Style on 'Ah, vous dirai-je, Maman'
in C Major, arranged by Esther Kim

Var. 1

Teaching Point 2.

Var. 4 "Staccato"

1) 아티큘레이션
- 양손 모두 손끝을 이용한 스타카토를 집중적으로 연습합니다.

2) 박자 변화
- 2/4박자 24마디 구조로 돌아옵니다.

3) 도전
- 스타카토로 연속 3도 진행에 도전해 봅니다. 주선율이 있는 윗소리가 조금 더 선명하게 들리도록 연주합니다(97-104마디).
- 왼손에 짧은 트릴이 있습니다. 엄지를 미리 준비하여 장식음이 더욱 리드믹하고 유쾌한 느낌을 주도록 연주합니다.

Var. 5 "Arpeggio"

1) 아티큘레이션
- 레가토로 아름답고 서정적으로 연주하도록 손과 팔의 각도를 유연하게 조절하며 연주합니다. 129-132마디의 오른손 옥타브들도 레가토로 연주해 봅니다. 음의 연결을 손목의 움직임으로 레가토를 연주합니다.

2) 형식
- 원곡은 세도막 형식으로 '8+8+8=24'마디 구조이나 마지막 변주는 코다(coda)를 포함하여 44마디입니다.

3) 프레이징
- '4+4+8+4+4+4+8+7마디' 구조의(113~155마디) 프레이즈를 잘 표현해 봅니다.

4) 도전
- 양손 모두 집중적으로 아르페지오를 연습합니다. 아르페지오를 연습할 때 로테이션을 이용하고, 손목을 수평으로 회전하여 건반의 각도에 맞춰 고르게 연주하도록 합니다.
- 왼손 멜로디를 아름답게 표현하는 것을 항상 기억하며 연주합니다.
- 음역이 넓어지면 몸의 큰 근육(등근육과 광배근 등)을 사용하여 안정적인 연주를 합니다(121-132마디).
- 저음부를 연주할 때와 고음부를 연주할 때 몸통의 중심을 음역에 따라 이동시켜 고르고 울림이 있는 소리를 만들어 봅니다. (1권 강의 영상 참고)

G. Bizet: Carmen, 'Habanera' for 4 hands

오페라 <카르멘>, '하바네라' 중에서

오페라 <카르멘>은 프랑스 극작가 프로스페르 메리메(P. Mérimée)의 원작 소설을 바탕으로 프랑스 작곡가 비제(G. Bizet)가 각색하여 1875년 전체 4막으로 구성한 오페라입니다. <카르멘>은 스페인을 배경으로 정열적인 집시여인 카르멘과 순수한 청년 돈 호세와의 비극적인 사랑을 보여 주는 작품입니다. 하바네라는 19세기 쿠바 지역에서 유행하던 민속 춤곡으로 이 곡의 원래 제목은 'L'amour est un oiseau rebelle(사랑은 자유로운 새와 같이)'입니다.

『Touching Piano』에서는 마지막 곡으로 모차르트와는 대조적이고 이국적인 비제의 곡을 듀오 곡으로 편곡하여 생동감 있는 피아노 연주의 즐거움을 살려 보았습니다. 원곡의 화성과 리듬을 조금씩 변화시킴으로써 이 곡의 드라마틱한 느낌을 좀 더 부각하려고 했습니다. 아리아 부분은 학생이 연주하고 선생님은 오케스트라 부분을 연주하도록 편곡하였습니다. 학생과 선생님이 아니더라도 서로 번갈아 다른 파트를 연주하기에도 정말 즐거운 곡입니다.

라단조(D minor)

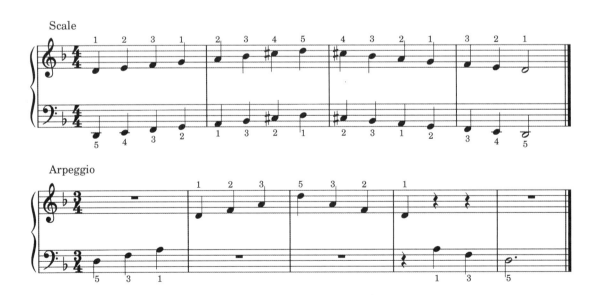

라장조(D Major)

Teaching Point.

1) 리듬
- 지속적으로 연주되는 하바네라 리듬에 맞춰 다양한 리듬을 연주합니다.
- 16분음표 셋잇단음표, 8분음표 셋잇단음표, 4분음표 셋잇단음표를 골고루 다룹니다.

2) 아티큘레이션
- 스타카토와 악센트, 타이, 슬러, 테누토 등 2권에서 다룬 여러 가지 아티큘레이션을 적용해 봅니다.
- 페르마타는 기보된 음표보다 길게 연주하는 것입니다. 보통 2배 정도 길게 하지만 음악적인 흐름에 따라 그보다 더 길게 할 수도 있습니다(43마디).

3) 프레이징
- 곡은 복잡하고 화려한 듯 보이지만 4마디 단위의 프레이즈의 구조로 연주하면 깔끔하게 연주할 수 있습니다.

G. Bizet: Carmen, 'Habanera' for 4 hands

EPILOGUE.

노래하는 터치의 주인공은 사랑입니다.

돌아갈 수 없는 것에 대한 그리움.
사랑을 처음 시작할 때 느꼈던 강렬하고
달콤한 감정.
갑자기 아주 깊이 사랑할 때 몰려오는
숨 막히는 긴장감과 두려움.
손과 손을 마주 잡고 같은 곳을 바라보며
미소를 머금은 두 사람을 바라보는 평온함.
모든 것을 감수하면서 아름다운 무엇을
얻기까지 계속 관심을 가지고 훈련하고 진심
으로 표현하는 열정.
지금까지 내가 걸어온 길을 사랑하고,
내가 있는 순간을 사랑하고, 지금 이대로의
나를 사랑해 가는 과정들…

인생을 인생길이라고들 합니다. 출발점은
알지만 끝을 모르는, 끝은 각자 다르더라도,
또 언제 헤어질지, 언제 다시 만날지 모르더
라도, 계속 가야 하는 길입니다. 되돌아올
수도 있습니다. 그래서 가끔은 어디로
가는지보다는 지금, 현재에 집중해 봐도
좋을 것 같다는 생각이 듭니다. 어쩌면 지금
내 곁에 있는 것들이, 내 곁에 있는 사람이,
내가 할 수 있는 것들이, 내가 있는 장소가

이 길의 끝보다 더 중요할 수도 있습니다.

앞으로 나올 곡들은 지금까지의 곡들보다는
좀 더 난도가 높은 곡들입니다.
혹시 『터칭 피아노』의 3권 베토벤의 어느
곡을 치다가 즐길 수 없을 만큼 버거움을
느낀다면 다시 모차르트로 돌아와도
더 자연스럽고 익숙하게 치고 있는 자신의
모습이 반가울 겁니다. 아니면 돌연
슈베르트의 어느 부분에 갑자기 푹 빠져
쳐볼 수도 있습니다. 그러다가 다시 3권으로
돌아와 연습하면 의외로 멋지게 쳐낼 수
있을지도 모르는 일입니다. 어떤 순서로
걸어가든 중요하지 않습니다. 지금 이 여정을
즐기고 성취감을 느끼는 기쁨을 가질 수 있길
바라봅니다. 이렇게 걷다 보면 어느덧
언젠가는 원하고 바라던, 아니면 그보다 더
나은 목적지에 와 있을 것입니다.

『터칭 피아노』를 연주하며 인생의 여정을 더
풍부하고 가치 있게 만들어 가는 모든 감정을
가능한 한 많이 노래해 보시길 바랍니다.
모차르트의 위대한 음악이 글과 말로는
표현하지 못하는 부분을 채워 주리라 믿고
2권을 마칩니다.

Touching Piano Book 2. Mozart

터칭 피아노 제2권 모차르트

© ITERMUSIC&Co., 2024

1판 1쇄 펴냄 2024년 11월 7일
글 유혜영
편곡 김에스더
디자인 강초록
제작 세걸음

펴낸이 박진희
펴낸곳 (주)파롤앤
출판등록 2020년 9월 10일 (제2020-000195호)
주소 서울시 서초구 서초대로 396, 217호
이메일 parolen307@parolen.co.kr

ISBN 979-11-986524-5-4 14670
ISBN 979-11-986524-9-2 (세트)